after the period, refer first file in the

001

002

003

004

005

006

Frocks

007

1

008

009

010

HEY...HOW
ABOUT
THAT BONE?

011

012

013

014

015

016

017

018

2

019

022

020

021

023

024

025

026

027

028

029

030

031

032

Hosiery

033

034

SMART
WOMEN

035

036

Hair Cutting

037

038

039

040

041

042

043

044

045

046 Linens

047

048

049

050

051

052

053 Milady

054

5

055

Lingerie

Hosiery

056

057

058

059

060

061

062

063

064

6

Freed From Gray Hair

065

066

067

068

"What a funny idea!"

069

070

Jewelry

071

072

Beauty Shop

073

074

7

075

076

077

078

079

083

081

084

082

080

LINGERIE

085

086

087

088

089

090

091

092

093

9

Spring Fashions

094

095

096

097

098

099

100

101

102

103

104

105

106

107

108

109

110

111

Pure Silk
112

113

114

115

AGE!

116

117

118

119

120

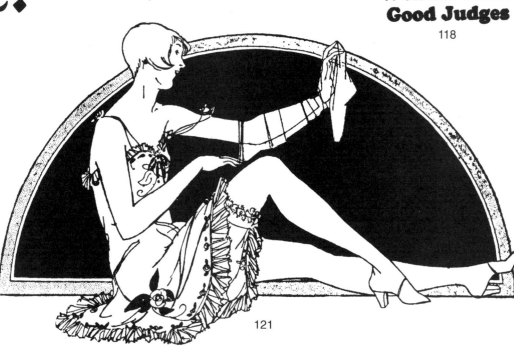

121

Beauty Shop

Here, Madame,
A PERMANENT WAVE
Is An Artistic Triumph!

122

Furs

123

Jewelry

124

125

12

126

127

128

Dressmaker

129

A closet full of clothes — and nothing to wear!

130

131

132

133

The Shoe

134

Men didn't
look twice at Mary

136

Plenty for "Pretties"

138

137

139

142

140

141

143

Lingerie

144

145

PRETTY LADIES

146

147

148

Hosiery

149

150

151

152

153

Lingerie

154

155

156

157

BEAUTY SALON

159

160

161

158

162

163

164

165

166

167

169

Permanents

168

170

171

Lingerie

172

173

17

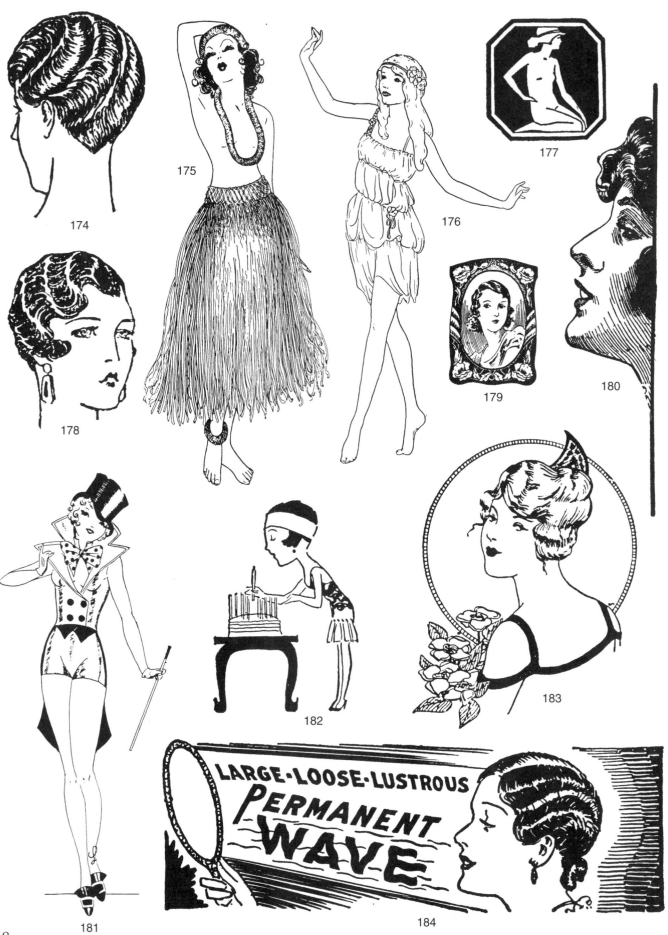

174

175

176

177

178

179

180

181

182

183

LARGE · LOOSE · LUSTROUS
PERMANENT
WAVE

184

185

186

187

LINGERIE

188

189

190

191

192

193

194

195

196

197

198

Youthful Beauty

199

200

201

202

203

204

205

Beauty Shoppe

206

207

208

209

210

211

212

213

214

215

216

217

218

219

220

221

222

223

IF YOUR CHIN
SAGS WHEN
YOU READ THIS
~SEE US...

224

225

226

227

228

229

230

231

232

233

234

235

236

237

238

239

240

241

242

GET MARRIED BOYS

243

244

245

246

247

248

249

250

251

252

253

254

255

256

257

258

259

260

24

261

262

263

264

265

266

267

268

269

270

271

272

BEAUTY

SALON

273

BEAUTY SALON

274

Look your best

275

HOSE

276

277

278

279

280

Beauty Culture

281

Beauty Shop

282

Beauty Shop

283

Beauty Culture

284

285

286

287

288

289

290

291

292

293

294

295

Beauty Shoppe

296

Beauty Specialists

297

Manicuring

298

Beauty Culture

299

LINGERIE

300

Gowns

301

HOSIERY

302

BEAUTY CULTURE

303

maison

de beaute

304

28

305

306

307

308

309

310

311

312

313

314

315

29

316

317

318

319

320

321

Manicuring

322

325

Hair Dressers

323

Beauty Salon

324

326

327

328

329

330

331

332

333

Permanents
334

Permanents
335

Hair Dressers
336

Beauty Culture
337

Beauty Culture
338

Manicuring
339

Jewelry
340

Beauty Shop
341

Permanents
342

Hair Dressers
343

31

344

Jewelry
345

346

347

Millinery
348

Hair Dressers
349

Manicuring
350

Hair Bobbing
351

Lingerie
352

Hair Cutting
353

Hosiery
354

Jewelry
355

356

357

358

359

360

361

362

363

364

365

366

367

368

369

370

371

372

373

374

375

376

377

378

379

380

381

382

383

384

385

386

387

388

389

390

391

392

393

394

395

396

397

398

399

400

401

402

403

404

405

406

407

408

409

410

411

412

413

414

415

416

417

418

419

420

421

422

423

424

425

426

427

Look
your best

428

429

430

431

432

433

434

435

436

MARIE ANTOINETTE

437

438

439

440

441

442

443

444 FACIALS

445

446

447

448

449 Milrone

450 Start the ball rolling

451

452

453

454

455

456

457

458

459

Beauty Culture

461

462

460

463

464

465

466

Waffles at Home

467

468

469

39

470

471

472

473

474

475

476

477

478

479

480

481   482   483

484

485

486

487

488

489

490

491

492

493

494   495

496

497

498

499

500

501

502

503

504

505

41

506

507

508

509

Lingerie smart styles

510

511

512

513

514

Beauty Specialists

515

516

maison de beaute

517

BEAUTY SALON

518

519

520

521

522

523

524

525

526

527

528

529

530

531

532

533

534

535

536

537

538

539

540

43

541

542

BEAUTY CULTURE

543

Beauty Shoppe

544

545

546

547

CYNTHIA

548

549

550

551

Love Shackles

44   552

553

Here's looking at you

554

Come UP and SEE US

555

556

557

558

559

560

561

562

563

564

565

566

567

568

569

570

571
(group)

572

573

574

575 Ride 'em Cowboy

576 Oh, Bill, I have a date!

577

578

579

580

581

582 Sittin' Pretty

583

584

585

586

587

588

589

590

591

592

593

594

595

596

47

597

598

599

600

601

602

603

604

605

606

607